LE
DORMEUR ÉVEILLÉ,

OPÉRA-COMIQUE,

EN QUATRE ACTES,

EN VERS, MÊLÉ D'ARIETTES,

Repréfenté devant LEURS MAJESTÉS
à Fontainebleau.

DE L'IMPRIMERIE

De P. R. C. BALLARD, feul Imprimeur pour la Mufique de
la Chambre & Menus-Plaifirs du ROI, & de Monfeigneur
& Madame la Comteffe D'ARTOIS.

M. DCC. LXXXIII.
Par exprès commandement de SA MAJESTÉ.

80

Les Paroles font de M. MARMONTEL.

La Mufique eft de M. PICCINI.

Les Ballets font de la compofition de M. LAVAL, Maître des Ballets du Roi.

PERSONNAGES DANSANS.

ACTE SECOND.

SULTANES.

La D^{lle} DE LIGNY.

Les D^{lles} Lafont, Prudhomme, Puisieux.
Les D^{lles} Courtois, Bigotini, Simon I.

ACTE TROISIEME.

ESCLAVES.

La D^{lle} GERVAIS.

Les Srs Giguet, Barré, Caller, Doffion.
Les D^{lles} Elisbert, Civille, Barré, Maffon.

ESCLAVES NOIRES.

Les D^{lles} NANINE, SIMON.

BOSTANGIS.

Le Sr GARDEL c.

Les Srs Leger, Laval f., Duchaine.
Les Srs Abraham, Coindé, Lebel.

SULTANES.

La D^{lle} DORIVAL.

Les D^{lles} Lafont, Prudhomme, Puisieux.
Les D^{lles} Courtois, Bigotini, Simon I.

ICHOGLANS.

Les Srs VESTRIS, NIVELON, FRÉDÉRIC.
Les Srs Barré, Carter, Giguet, Doffon.

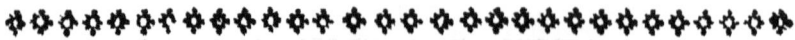

✦✧✦✧✦✧✦✧✦✧✦✧✦✧✦✧✦✧✦✧✦✧✦✧

ACTEURS.

HAROUN ALRASCHID, *Calife*
déguisé en Marchand de Mouffoul,   Le Sr Menier.

HASSAN, *Bourgeois de Bagdad*,   Le Sr Clairval.

LE VISIR,   Le Sr Narbonne.

MESSOUR, *Chef des Eunuques*,   Le Sr Trial.

ROSE, *jeune Esclave d'*HASSAN,   La D^{me} Dugazon.

SABI, *Mere d'*HASSAN,   La D^{lle} Colombe.

L'IMAN,   Le Sr Rosiere.

QUATRE VIEILLARDS,
{
Le Sr Dufrenoy.
Le Sr Delaunay.
Le Sr Murgeon.
Le Sr Darius.
}

OSMIN,   Le Sr Dufrenoy.

LIBEK,   Le Sr Delaunay.

UN ESCLAVE D'HAROUN,   Le Sr Leclerc.

FEMMES ESCLAVES DU SERRAIL,
{
La D^{lle} Adélaide.
La D^{lle} Rosalie.
La D^{lle} Lesevre I.
La D^{lle} Leclerc.
La D^{lle} Leger.
}

GRANDS DE LA COUR DU CALIFE.
ESCLAVES NOIRS DU SERRAIL DU CALIFE.

La Scene est à Bagdad, dans la maison d'Hassan, & dans le palais d'Haroun.

LE
DORMEUR ÉVEILLÉ,
OPÉRA-COMIQUE.

ACTE PREMIER.

Le Théatre repréſente un Salon à la Perſane.

SCENE PREMIERE.

HAROUN, UN ESCLAVE.

HAROUN.

VA t'en dire au Viſir qu'il ne ſoit point en peine,
Et qu'on retient ici le Calife à ſouper.
Mais, lorſqu'à petit bruit je voudrai m'échapper,
Que je trouve là bas quelqu'un qui me remmene.

Toi, reviens dans une heure, & songe, en m'approchant,
Qu'ici ton Souverain n'est qu'un simple marchand.

(*L'Esclave sort.*)

C'est un plaisant tableau que la nature humaine !
Mais à la voir de près quand je veux m'amuser,

Adieu la grandeur souveraine :

En homme obscur & simple il faut me déguiser.

SCENE II.

HAROUN, HASSAN.

HASSAN.

PARDON, j'avois deux mots à dire.

HAROUN.

Point de gêne.

'Avec moi sans façon vous pouvez en user.
Avouez cependant que nous donnons peut-être
Un exemple inoui de cordialité.
J'arrive dans Bagdad ; un homme, à sa fenêtre,
Me voit, descend, m'invite à l'hospitalité ;
Je l'accepte ; & tous deux avant de nous connoître,
Nous voilà bons amis.

HASSAN.

Hé bien, en vérité,

Depuis plus de deux ans je ne fais autre chose.
Oui, chez moi, soit prudence ou singularité,

Pour les gens connus porte close ;

Et l'étranger qui passe est le seul invité.

HAROUN.

Quoi ! tous les jours un nouvel hôte !

HASSAN.

Tous les jours.

HAROUN.

Et jamais le même !

HASSAN.

Non jamais.

Se voir deux fois est une faute
Que j'ai bien résolu d'éviter déformais.

HAROUN.

Mais encor faut-il bien savoir qui l'on invite.

HASSAN.

Pourquoi ? Nous nous quittons si vîte,
Que ce n'est pas la peine ; & , qui que nous soyons,
Pour la première fois puisque nous nous voyons,
Nous n'avons rien encore à démêler ensemble.
On ne reste chez moi qu'une nuit ou qu'un jour ;
C'est le vrai moyen, ce me semble,
Que deux hommes soient bien dans le même séjour.
Nous souperons gaiment ; nous boirons, en cachette,
De ces bons vins que le Prophete
Défend, pour les rendre meilleurs ;
Après cela bon soir : satisfaits l'un de l'autre,
Je retire demain mon enjeu, vous le vôtre,
Et vous cherchez fortune ailleurs.

HAROUN.

Où donc avez-vous pris cet étrange sysême ?

A 2

HASSAN.

Où ? Dans l'expérience & dans la raifon même.
Entre deux inconnus, chacun, de fon côté,
Fait voir ce qu'il a de bonté.
Nul différent, point de querelle ;
Et cette rencontre a pour elle
Tout l'attrait de la nouveauté.
Au lieu que dans un long commerce,
Chacun d.vient plus négligent,
Chacun devient plus exigeant ;
L'humeur fe fait fentir, le caractere perce,
En fe connoiffant mieux, on ne s'aime plus tant ;
L'intérêt vient à la traverfe,
On fe brouille, on s'aigrit. on s'en va mécontent.

HAROUN.

Mais l'amitié demande une longue habitude ;
Et c'eft un fi grand bien qu'une vieille amitié !

HASSAN.

Oui dà !

HAROUN.

Qu'en dites-vous ?

HASSAN.

Vous me faites pitié.

HAROUN.

Mais encor ?

HASSAN.

Vous voyez quelle eft ma folitude ?
Apprenez que j'ai vu ce fallon plein d'amis,

Zélés, complaisants & soumis,
Tant que je leur fis bonne chere,
Une année, à mes frais, ils se ont divertis:
Ils m'ont cru ruiné; les voilà ous partis:
    Ma maison leur est étrangere.
    N'étions-nous pas bien assortis?

AIR.

De l'amitié, qu'on dit si belle,
Les premiers jours sont les plus beaux.
Avec des convives nouveaux,
C'est tous les soirs fête nouvelle.
Jamais d'ingrats, nul infidele:
Tous mes amis sont sans défauts.

Si pour aimer on veut connoître,
On perd son temps à n'aimer rien.
L'ami, passant sous ma fenêtre,
Sera le mien, s'il veut bien l'être,
Et pour un jour je suis le sien.

A 3

SCENE III.

ROSE, HAROUN, HASSAN.

HASSAN, *montrant Rose, qui met le couvert.*

TENEZ, voilà qui me console
De tous les ingrats que j'ai faits.
Mes soins l'ont élevée. Elle est vive, elle est folle ;
Mais elle ressent mes bienfaits.

ROSE, *après avoir mis le couvert.*

Allons, quand on voudra l'on peut se mettre à table.
Ah ! pour le coup, Seigneur Hassan,
Vous vous donnez un Hôte aimable.
Quel est ce jeune & beau Persan ?

HASSAN.

Un marchand de Moussoul : je l'ai pris au passage.

ROSE.

Beau marchand de Moussoul, vendez-vous des plumets,
Des gazes, des rubans ?

HAROUN.

Non, mais j'en ferai faire,
Belle esclave : nommez tout ce qui peut vous plaire ;
J'en aurai, je vous le promets.

ROSE.

Ces marchands sont polis !

HAROUN.

Je ne fuis que fincere.

HASSAN.

Doucement, s'il vous plaît. Vous venez cajoler
Mon Efclave ?

ROSE.

Pourquoi l'empêcher de parler ?
Il s'en va demain.

HASSAN.

Je l'efpere.

HAROUN, *à Rofe.*

A mon regret, je n'aurai guere
Le plaifir d'être auprès de vous.

HASSAN.

Non, je vous en réponds. La petite coquette !
Comme elle lui fait les yeux doux !
Vous aimeriez donc la fleurette ?
On n'auroit qu'à laiffer votre cœur voltiger.

ROSE.

Il n'iroit pas bien loin : il a pris une chaîne
Que l'on briferoit avec peine,
Quoique le poids en foit leger.
Mais vous connoiffez ma folie :
J'aime à rire, j'aime à favoir
Que je plais, que l'on m'aime, & qu'on voudroit avoir
Une Efclave.....

A 4

HAROUN.

Auſſi belle ?

ROSE.

Oh ! non !

HASSAN.

Auſſi jolie.

ROSE.

Oui, je me crois jolie. En êtes-vous ſurpris ?
Et voulez-vous que j'oublie
Ce que vous m'avez appris ?

HASSAN.

Moi !

ROSE.

Vous-même. A mon oreille,
Vous avez dit mille fois,
Roſe n'a point ſa pareille.
Je m'en ſouviens.

HASSAN.

Je le crois.

ROSE.

Si le matin je m'éveille,
(*Elle contrefait Haſſan.*)
Je ſuis brillante & vermeille
Comme l'étoile du jour ;
J'ai le tein d'une fleur ; j'ai le regard céleſte !
Et le moyen qu'on ſoit modeſte,
En s'appellant *Roſe d'amour* ?

HAROUN.

Rose d'amour ?

ROSE.

Hé oui, c'est le nom qu'il me donne.
Après cela Monsieur s'étonne
Qu'on ait un peu de vanité.

HASSAN.

Tu ne sais que trop bien, friponne,
Que je te dis la vérité.

ROSE.

AIR.

Comme un enfant je suis crédule,
Quand on me dit du bien de moi.
D'abuser de ma bonne foi,
Qui ne se feroit pas scrupule ?
Comme un enfant je suis crédule,
Quand on me dit du bien de moi.
D'un miroir la glace infidele
Peut me tromper, je le sais bien ;
Mais que vous me trompiez comme elle,
Seigneur Hassan, je n'en crois rien.

Comme un enfant, &c.

HASSAN.

Allez, petite folle, & sachez de ma mere
Si l'on nous fait bientôt souper.

ROSE.

La voici.

SCENE IV.

SABI, HAROUN, HASSAN, ROSE.

SABI.

PATIENCE: on ne tardera guere.

ROSE.

Et moi, de vous servir je m'en vais m'occuper.

(*Pendant la Scene suivante,* ROSE, *au fond du théâtre,*
*fait servir le souper par les deux Esclaves d'*HASSAN.)

SCENE V.

HAROUN, HASSAN, SABI.

HAROUN.

TRIO.

AH ! la jolie enfant !
Je le dirai sans cesse.
Ah ! la jolie enfant !

SABI.

D'aimer sa gentillesse ,
En vain l'on se défend ;
Et nous disons sans cesse,
Ah ! la jolie enfant !

HAROUN.

Ah ! la jolie enfant !
C'est la mine la plus fine !

HASSAN.

Bon ! ce n'est rien que sa mine,
C'est la plus riante humeur !
Elle est vive, elle est badine,

SABI.

Et mutine avec douceur.

SABI ET HASSAN.

Sa bouche encore enfantine
Est l'organe de son cœur.

HAROUN.

La malice, dans sa mine,
Se mêle avec la candeur.

SABI.

Cela danse avec des graces !

HASSAN.

Cela chante à vous ravir.

SABI ET HASSAN.

Il semble voir le plaisir
Qui voltige sur ses traces.
Cela chante
Cela danse } avec des graces !
Cela chante
Cela danse } à vous ravir.

HAROUN.

J'aurois peur à votre place
Qu'on ne vint me la saisir.

HASSAN.

Qui donc auroit cette audace !

HAROUN

Le Calife ou son Visir.

HASSAN.

Je frémis de la menace.

SABI.

Je sens la peur qui me glace.

HAROUN.

J'aurois peur à votre place
Du Calife ou du Visir.

SABI et HASSAN.

Ah! pour nous quelle disgrace,
S'ils en avoient le désir!

HASSAN.

Ma mere, éloignons ce présage;
Et jouissons du moins, tant qu'on nous laisse en paix,
Le vin sera-t-il bon?

SABI.

Oui, je l'ai mis au frais.

(*A Haroun.*)
Vous l'aimez, n'est-ce pas?

HAROUN.

Je m'en permets l'usage,
Quoique d'ailleurs bon Musulman.

SABI.

N'allez pas nous trahir. Nous avons un Iman
Qui rode jour & nuit dans tout le voisinage.

AIR.

Trouble-fête est son métier :
A toute heure il nous désole.
Je crois qu'il me rendra folle ;
C'est la peste du quartier.
Que le ciel nous en délivre !
Avec lui l'on ne peut vivre ;
C'est la peste du quartier.
Sans cesse il furette ,
Sans cesse il nous guette ;
Au nom du Prophete ,
Toujours tracassant ,
Toujours menaçant.
De nuire il fait gloire :
Jamais, à l'en croire ,
Rien n'est innocent.

HAROUN.

Le Calife sait-il les chagrins qu'on vous cause ?

HASSAN.

Le Calife est trompé, vous le seriez à moins.
L'Iman s'est donné pour témoins
Des gens dont la barbe en impose.

SABI.

Ce sont quatre vieillards aussi fourbes que lui ,
Et dont, pour médire d'autrui ,
Jamais la langue ne repose.
Mon fils a dit cent fois que son plus grand desir
Seroit d'être Calife un seul jour de sa vie ,
Pour les châtier à plaisir.

HAROUN, *à part.*

Il en paſſera ſon envie.
J'ai dequoi l'aſſoupir ; & pourvu ſeulement,
Qu'animé par le vin, le ſoupé ſe prolonge,
Et qu'ici tête-à-tête on nous laiſſe un moment,
Je lui ferai faire un beau ſonge.

HASSAN.

Mettez-vous là, mon hôte, & Roſe auprés de vous,
(*à Roſe.*)
Mais ne vas pas encor lui faire les yeux doux.
(*à ſes deux Eſclaves.*)
Qu'on nous laiſſe.

(*Les Eſclaves ſe retirent.*)

HAROUN.
Fort bien !

SCENE VI.

HAROUN, HASSAN, ROSE, SABI,
à table.

HASSAN.

Voila ce qui me reste
De vingt Esclaves que j'avois :
Car tout éveillé je rêvois.
Le malheur m'a rendu plus sage & plus modeste.

HAROUN.

Etiez-vous heureux ?

HASSAN.

Point du tout,
J'étois dupe. J'avois des concerts de musique,
Je donnois des festins ; on m'appelloit par-tout
Hassan le libéral, Hassan le magnifique ;
Mais je me ruinois sans plaisir & sans goût.
Laissons-là ma triste folie :
Je veux, pour l'oublier, boire à votre santé.
Et toi, Rose, dis nous quelque chanson jolie,
Où brille cette voix dont je suis enchanté.

ROSE.

AIR.

L'oiseau chérit le bocage
Qui protégea son berceau.
La fleur chérit le rivage

Où l'arrose un clair ruisseau.
Moins volage que l'oiseau,
Je cheris mon esclavage :
Je suis la fleur du rivage
Où serpente un clair ruisseau.

Lorsqu'on sert l'objet qu'on aime,
Ah ! qu'il est doux de servir !
Mon destin seroit le même,
Quand j'aurois à le choisir.
Le penchant fait le plaisir ;
Et dans une douce chaîne
    Rien ne gêne
    Le desir.

HASSAN.

J'entends du bruit ! quelqu'un viendroit-il, à cette heure,
  Troubler la paix de ma demeure ?

SABI, *avec frayeur.*

C'est peut-être l'Iman.

ROSE, *elle va voir.*
C'est lui-même.

SCENE VII.

SCENE VII.

Les précédens, L'IMAN *& quatre* VIEILLARDS.

L'IMAN.

Fort bien!
Ici, pour ses plaisirs on ne ménage rien.
(*Il apperçoit les bouteilles.*)

Du vin! du vin! j'en suis bien aise.

HASSAN.

Seigneur Iman, que voulez-vous?

L'IMAN.

Je vous y prends, j'en suis bien aise.

ROSE ET SABI (*à part.*)

Ils sont entrés comme filoux.

HASSAN.

Que venez-vous faire chez nous?

L'IMAN.

Je viens savoir, ne vous déplaise,
Ce qu'on y fait.

SABI ET ROSE.

Ne vous déplaise,
On y fait ce qu'on fait chez vous.

L'IMAN.

Du vin! du vin! j'en suis bien aise.

B

LES VIEILLARDS.

Pour ce forfait vous irez tous
Brûler dans la grande fournaise.

SABI.

Il faut pourtant que je l'appaise,

ROSE ET SABI.

Vous nous voyez à vos genoux.

L'IMAN ET LES VIEILLARDS.

Profanes ! du jus de la treille !

HAROUN ET HASSAN.

Nous n'avons bu qu'une bouteille.

L'IMAN, &c.

Après une offense pareille,
Du ciel redoutez le courroux.

HAROUN, HASSAN, ROSE ET SABI.

Buvez chacun votre bouteille,
Et du Ciel calmez le courroux.
Buvez chacun votre bouteille.

L'IMAN ET LES VIEILLARDS (bas.)

Nous la boirons chacun chez nous.

L'IMAN.

Demain vers le Calife
Nous vous dénonçons tous.

HASSAN.

Nous sommes sous sa griffe ;
Ma mere, filons doux.

SABI.

Il parle du Calife ;
Hélas, oui, filons doux.

L'IMAN.

Je ne veux rien entendre :
Le Ciel est en courroux.

LES VIEILLARDS.

Il ne faut rien entendre :
Le Ciel est en courroux.

SABI ET ROSE.

Il ne veut rien entendre :
Hélas ! c'est fait de nous.

HAROUN.

Messieurs, de grace, point d'esclandre.

L'IMAN ET LES VIEILLARDS.

Prenons ce vin, pour le répandre.

HAROUN.

Messieurs, de grace, entendons-nous.

(*Il donne de l'argent à l'Iman.*)

L'IMAN, *appaisé*.

Point de scandale, point d'esclandre ;
Car je suis bon, paisible & doux.
Mais, pour le vin, il faut le prendre.

LES VIEILLARDS.

Oui, pour le vin, il faut le prendre.

HASSAN, HAROUN, ROSE ET SABI.

Ah ! buvez-en, sans le répandre.

L'IMAN, &c. (*bas.*)

Nous le boirons chacun chez nous.
Gardons-nous bien de le répandre :
Nous le boirons chacun chez nous.

(*Ils s'en vont.*)

B 2

HASSAN, ROSE, SABI.

Hé quoi ! jamais de cette engeance
Le Ciel ne nous délivrera?

HASSAN.

Si j'en pouvois tirer vengeance,
Ah ! quel plaisir !

HAROUN.

Quelqu'un l'aura.

HAROUN, SABI, ROSE.

Bientôt peut-être arrivera
Cet heureux jour de la vengeance.

TOUS.

Ah! qu'elle fête on en fera!

SCENE VIII.

HAROUN, HASSAN, ROSE, SABI.

SABI.

Tenez, j'ai de leurs mains sauvé cette bouteille.

HASSAN.

J'en ai besoin pour m'appaiser.
Toi, Rose, & vous, ma mere, allez vous reposer.

HAROUN, *à part.*

Enfin nous voilà seuls. Tout s'arrange à merveille.

(*Haroun saisit ce moment, pour mettre dans le verre d'Hassan d'une liqueur soporifique, & pour lui verser à boire.*)

SCENE IX.

HAROUN, HASSAN.

HAROUN.

Mon hôte, en vous versant ce verre de ma main ;
Puis-je vous faire une demande ?

HASSAN.

Que de moi la chose dépende,
J'y consens.

HAROUN.

Qu'avec vous je soupe encor demain.

V ;

HASSAN.

Vous dérangez mon plan, & cela n'est pas sage.
N'importe, encor demain, soit ; mais pas davantage.

HAROUN.

Oh ! non.

HASSAN.

Adieu. Bon soir. Ce breuvage divin
Va me faire faire un bon somme. —
Ce scélérat d'Iman qui m'a volé mon vin ! —
(*En baillant*)
Ah ! si j'étois Calife, il feroit beau voir comme
Ces gens-là.... je m'endors ; allez en faire autant.

HAROUN, *à son Esclave qui arrive.*

Ai-je là bas quelqu'un ?

L'ESCLAVE.

Oui, Seigneur, on t'attend.

HAROUN.

Allons, vîte, sans bruit qu'on enleve cet homme,
Et que dans mon palais on le porte à l'instant.

Fin du premier Acte.

ACTE II.

Le Théatre repréfente un fallon magnifique, au milieu duquel eft un riche fopha, avec un dais & des rideaux fermés.

SCENE PREMIERE.

ROSE, *feule.*

Ou fuis-je? Au point du jour, tandis que je m'empreffe
    A fervir ma bonne Maîtreffe,
A dix pas du logis, de la part du Vifir,
On m'arrête! — A ce nom, la peur vient me faifir. —
    Tremblante, on m'enleve, on m'amene
    Dans un magnifique palais!
    Quelle eft donc ma nouvelle chaîne?
Quoi! tout ce qui m'eft cher m'eft ravi pour jamais!
Bonne mere Sabi, quelle fera ta peine!
    Et pour Haffan quelle douleur,
    Lorfqu'il apprendra fon malheur!

B 4

A I R.

Ne me crois pas infidelle :
Mon destin me fait la loi,
Mais si Rose dépend d'elle,
Son cœur t'engage sa foi
De ne vivre que pour toi.
Hélas ! envain je l'appelle:
Mon cher Hassan, loin de moi,
Ne sait rien de mon effroi,
Rien de ma douleur mortelle,
Rien du trouble où je me si.

Ne me crois pas infidelle, &c.

SCENE II.

Des Esclaves présentent à Rose des corbeilles remplies de toutes sortes de parures.

ROSE ET LES ESCLAVES.

UNE ESCLAVE.

BELLE Rose d'amour, venez qu'on vous couronne.
La richesse vous environne.
Voici des diamants, des perles, des rubis,
Des fleurs, des rubans, des ceintures.
Choisissez entre ces habits
Les plus élégantes parures.

ROSE.

Je ne veux rien de tout cela.
Je veux savoir ce qui m'arrive,
(*Elle parle des noirs.*)

Et de quel droit je tombe aux mains de ces gens-là.

MESSOUR.

Belle Rose d'amour : vous êtes un peu vive !
Ici l'on est soumise avec plus de douceur.

ROSE.

Je ne suis point soumise ; ici je suis captive ;
Et quelque soit mon maître, il n'est qu'un ravisseur.

MESSOUR.

Et si ce maître, qui vous aime,
Est le chef des croyans ?

ROSE.

Le Calife ?

MESSOUR.

Lui-même.

ROSE.

Non, il n'a pas permis cette infame noirceur.

MESSOUR.

Vous allez voir ce maître auguste.

ROSE.

Ah ! qu'il paroisse. On le dit juste,
On le dit même généreux ;
Et c'est à son insu qu'il fait des malheureux.

MESSOUR.

A I R.

Point de caprice,
S'il vous plaît.
Ici l'on est
Sous ma police.

Les *si*, les *mais*,
Les vains délais,
Haroun ne les entend jamais.

Vous aurez beau faire la mine.
On sait ici, ma belle enfant,
Réduire un cœur qui se mutine,
Qui se mutine & se défend.

Point de caprice, &c.

Silence ! il vient à nous.

SCENE III.

HAROUN, GIAFAR & *les précédents*.

HAROUN, (*à part.*)

VISIR, prend ton air grave.

MESSOUR, *à Rose*.

Approchez, saluez, plus bas, encor plus bas.

HAROUN.

Est-ce-là ma nouvelle Esclave ?

ROSE (*les yeux baissés.*)

Votre Esclave, Seigneur ? Non, je ne le suis pas ;
Et vous êtes trop bon pour me forcer à l'être.

HAROUN.

En vous cédant à moi, croyez que votre maître
En sera bien payé.

ROSE.

Ce qu'on aime est sans prix.

HAROUN.

Quoi ! mes tréfors !...

ROSE.

Haflan les verra fans envie.

HAROUN.

De fa petite Rofe il eft donc bien épris ?

ROSE.

Il mourra de douleur fi je lui fuis ravie.
Je fais l'amufement, le charme de fa vie ;
Dès qu'il me voit il eft content.
Hélas ! par quelle fantaifie
Le plus grand Seigneur de l'Afie
Vole-t-il une Efclave ? Il en a tant & tant !

HAROUN.

Rofe, la vérité commence à me déplaire.

ROSE.

Elle vous déplait, je le croi ;
Mais ne pouvez-vous, fans colere,
Nous congédier elle & moi ?

HAROUN.

Non, je vous retiens l'une & l'autre.
Mais il faut adoucir fon langage & le vôtre.
N'oubliez pas cette leçon ;
Et d'abord, chantez-moi quelque aimable chanfon.

ROSE.

Je ne chante jamais que je ne fois contente.

HAROUN.

Vous chantez pour Haflan,

ROSE.

Tant qu'il veut.

HAROUN.

Et pour moi,

Vous ne chanteriez pas!

ROSE.

Vous me glacez d'effroi ;

Comment voulez-vous que je chante ?

HAROUN.

Ecoute , Rose , en se fâchant
Avec les Souverains on ne réussit guere.
Si tu veux me fléchir , crois moi , cherche à me plaire.
On obtient tout de moi par le charme du chant.

ROSE (*rassurée.*)

Ah ! je l'avois bien dit : vous n'êtes point méchant ,
Et vous méritez qu'on vous aime.
(*Elle leve les yeux sur lui.*)
Ciel ! comme il ressemble au Marchand !
Si j'en croyois mes yeux , je dirois , c'est lui-même.

HAROUN.

Dis moi , Rose , un air bien touchant.

ROSE.

Si dans ces bois l'amant que j'aime
Vient faire entendre ses soupirs,
Dites-lui bien, tendres Zéphirs,
Que je soupire ici de même.
Plaintive Echo, dis lui toi-même
Et mes regrets & mes désirs.

(*A part.*) (C'est lui , c'est lui , tout me l'assure.

Plus je le vois

Plus j'en suis sûre.

Il a sa taille & sa figure ;

Il a son air , il a sa voix.)

HAROUN.

Allons, Rose , encore une fois.

ROSE.

Si dans ces bois. &c.

HAROUN.

Fort bien ! mais dans cet air vous avez fait, me semble,
De petits *à parté* qui ne vont point ensemble.

ROSE.

Hélas! oui , j'ai l'esprit un peu préoccupé.

HAROUN.

Qu'est-ce qui vous distrait ?

ROSE.

Seigneur, daignez m'apprendre
Si vous n'êtes pas lui, si mon œil s'est trompé ?

HAROUN.

Qui , lui ?

ROSE.

J'ai peur de me méprendre ;
Mais je crois le voir.

HAROUN.

Qui ? Je ne puis vous comprendre.

ROSE.

Le Marchand de Moussoul, avec qui j'ai soupé. —

Ah! vous riez. Ceci n'est qu'un jeu. Je respire. —
    Et comment ai-je pu penser
    Que le Seigneur d'un vaste Empire
A ravir une Esclave eut voulu s'abaisser ?
   (*à genoux.*)
Qu'il me pardonne , hélas , d'avoir pu l'offenser.

HAROUN.

La grace est accordée : elle vous est bien due !
Hassan va vous revoir ; vous lui serez rendue .
Il veut être Calife ; il va l'être. Il est là,
Qui dort tranquillement.

ROSE.

      Lui, grand Dieu !

HAROUN , *levant le rideau.*

            Le voilà.

    Mais je veux que tout favorise
    L'étonnement & la surprise
    Que son réveil lui causera.

ROSE.

Ah! la tête lui tournera.

HAROUN.

Près du nouveau Calife on va vous introduire.
Mais, Rose , gardez-vous de le désabuser.
De son illusion je prétends m'amuser.
Si vous aimez Hassan, n'allez pas la détruire.
    Vos regrets seroient superflus ;
Et si j'étois trahi, vous ne le verriez plus. —
Allez, Visir, allez, achevez de l'instruire.
Et nous, derriere un voile, allons nous réjouir
Des spectacles divers dont on va l'éblouir.

SCENE IV.

HASSAN *sur le sopha*, TROUPE D'ESCLAVES.

CHŒUR DE FEMMES.

QUE le sommeil le dédommage
Du temps qu'il vole à ses plaisirs;
Que tous ses songes soient l'image
De ce qui flatte ses désirs;
Qu'ils lui retracent notre hommage;
Qu'ils lui répetent nos soupirs.

HASSAN.

L'agréable sommeil que le vin nous procure!
J'ai dormi tout d'un trait; je n'ai pas sourcillé.
Mais que vois-je à travers cette lueur obscure? —
Bon! je rêve, je dors, & me crois éveillé. —
Mais non, je ne dors point; j'entrevois la lumiere.
Tout me semble nouveau, tout est changé céans.

Osmin! Libée! — les fainéants! —
Rose dans la maison s'éveille la premiere;
Rose!.. ô ciel! je me vois dans un sallon doré,
Sur un riche sopha, d'esclaves entourré!

Où suis-je donc? Rose! ma mere!
Aurois-je l'esprit égaré?...

(*Il voit à côté de lui, sur un tabouret, le bonnet du Calife.*)
Le turban du Calife! hé! voilà ma chimere.

Je l'ai souhaité si souvent,
Que je crois l'avoir en rêvant.
(*Il retombe sur le sopha.*)

GRAND CHŒUR.

O toi que l'Orient adore,
Parois au lever du soleil.
Ton regne à son cours est pareil,
Par tous les biens qu'il fait éclore.
Le plaisir attend ton réveil
Comme la fleur attend l'aurore.
O toi que l'Orient adore,
Parois au lever du soleil.

(Danse des Femmes.)

HASSAN.

Approchez. Les jolis mensonges!
Je crois du paradis voir les félicités.
Mesdames, dites-moi, n'êtes-vous que des songes?
On vous prendroit si bien pour des réalités !

MESSOUR.

Commandeur des croyans, tes Ministres attendent.

HASSAN *(il se leve.)*

Hé bien? Qu'est-ce qu'ils me demandent ?

MESSOUR.

Des loix, pour régir tes Etats.

HASSAN.

Et toi, que me veux-tu? Je ne te connois pas.

MESSOUR *(prosterné.)*

Ton esclave Messour, si fidele à son maître,
Auroit-il mérité de s'en voir méconnoître?
Est-ce-là le prix de sa foi?

HASSAN.

HASSAN.

Tu me fais pitié. Leve toi.
Mais écoute. Il est sûr que je suis un bon homme,
Un bourgeois de Bagdad. C'est Hassan qu'on me nomme.
N'est-il pas vrai qu'ici l'on se moque de moi ?

MESSOUR.

Seigneur, quel mauvais songe a troublé ta pensée,
Pour nous attribuer cette audace insensée ?
Nous sommes tremblants sous ta loi.

HASSAN.

Mais, si ce n'est pas un délire,
Voyons, qu'est-il donc arrivé?
Sur le trône, en dormant, viens-je d'être élevé ?
Tout cela me confond. J'en reviens à mon dire :
Je suis fou.— Qui! moi, fou! non certe, il n'en est rien!
Je pense & raisonne fort bien.

MESSOUR

Commandeur des croyans, hâte-toi, le temps passe.

HASSAN.

Hé bien? que veux-tu que j'y fasse ?
Je rappelle mes sens autant que je le puis.
Je veux pourtant savoir qui je suis, où je suis.

AIR.

Ah ! ma tête m'abandonne.
J'ai dans le creux du cerveau
Comme un essaim qui bourdonne.
Ah ! quel supplice nouveau !

C

Non , je ne tarderai guere
D'être à la maison des fous.
Toi , ma Rose , & vous , ma mere ,
Pour soulager ma misere ,
Quelquefois y viendrez-vous?

Ah ! ma tête , &c.

MESSOUR.

Contre ces vapeurs-là , tu fais qu'on te conseille
L'usage du café.

HASSAN.

Du café ? J'y consens.

MESSOUR (*aux Esclaves.*)

Le café.

HASSAN.

Sa liqueur me réjouit les sens ,
Et son doux parfum me réveille.

(*à part.*)

Jamais je ne fus mieux servi;
Et de cette métamorphose
Quelque Démon qui soit la cause ,
En vérité j'en suis ravi.

SCENE V.

HASSAN, ROSE, &c.

Des Esclaves, portant un plateau sur lequel sont les coupes, précedent Rose, qui se présente pour verser le café.

HASSAN.

ROSE! ma Rose! ô ciel! ô ma pauvre cervelle!

ROSE (*la cafetiere à la main.*)

Seigneur, m'accordez-vous l'honneur de vous verser?..

HASSAN.

Rose dans le serrail! Ah! petite infidele!
De quel trait déchirant venez-vous me percer?

ROSE.

Seigneur, à vos genoux vous me voyez tremblante.
Quel mal ai-je donc fait?

HASSAN.

Qui vous amene ici?

ROSE.

J'y sers le plus grand Roi du monde.

HASSAN.

Et c'est ainsi
Que vous trompez Hassan?

C 2

ROSE.

Haffan! moi!

HASSAN (*à part.*)

L'infolente !
On ne me connoît plus tant je fuis travefti.
(*A Rofe.*)
A votre enlevement avez-vous confenti ?

ROSE.

Moi ! l'on ne m'a point enlevée :
Ici, dès le berceau, par vos foins élevée . . . .

HASSAN.

Ici ? Dès le berceau ? Vous en avez menti.

ROSE.

Hélas ! que je fuis malheureufe !
Je ne puis dire un mot qui n'offenfe mon Roi.

HASSAN.

Rofe, ne pleure pas, leve les yeux fur moi,
Et ne méconnois plus la bonté généreufe
De ce fidele Haffan, qui ne vit que pour toi.

ROSE.

Quel eft-il cet Haffan ?

HASSAN.

Moi, perfide, moi-même.
Regarde. C'eft lui. Le voilà.

ROSE.

Rien n'empêche en effet votre grandeur fuprême ,
Si tel eft fon plaifir , de prendre ce nom-là.

HASSAN, *confondu.*

Hé bien ? Que répondre à cela ?

ROSE.

Seigneur, je vous révere autant que je vous aime.
Mais si j'ose en secret vous parler sans détour....

HASSAN.

Oui, parle, je t'en prie, au nom de mon amour.

ROSE.

Vous le permettez ?

HASSAN.

Je l'exige.

Ne me déguise rien. Je connois ta candeur.
(*A part.*)
Elle va donc enfin m'expliquer ce prodige.

ROSE.

Hé bien, s'il faut le dire...

HASSAN.

Oui, dis tout.

ROSE.

Sa grandeur,
Aujourd'hui, s'est levée avec un peu d'humeur.

HASSAN.

Ce n'est point de l'humeur, Rose ; c'est du vertige.

ROSE.

Seigneur, qu'est devenu cet aimable enjoument ?
Hier encore, à souper, vous étiez si charmant !

HASSAN.

Tu me reconnois donc ? Il est donc véritable
Qu'ensemble, hier, chez moi, nous soupâmes encor ?

ROSE.

Et le puis-je oublier ce souper délectable,
Ce sallon, ces lambris semés d'azur & d'or,
Ces vases, ces cristaux, ce luxe inimitable ?

HASSAN.

Où diable a-t-elle pris ce festin somptueux ?

ROSE.

Que le concert fut beau ! Quels chants voluptueux !
Que la danse ajoutoit au plaisir de la table !
Hélas ! de tous les Rois je vis le plus aimable ;
 Je croyois voir le plus heureux.

HASSAN.

D U O.

 Mais, dis-moi, ma rose, es-tu folle ?

ROSE.

 Oui, je le suis de mon bonheur.

HASSAN.

 Quoi ! je suis Calife ?

ROSE.

       Ah ! Seigneur ?

En doutez-vous ?

HASSAN.

       Sur mon honneur,
 Je me crois fou, je te crois folle.

ROSE.

Hé , oui, Seigneur, oui, je suis folle ;
Mais je le suis de mon bonheur.

HASSAN.

Ho, ça, donne-moi ta parole
Que je suis Calife.

ROSE.

Ah ! Seigneur ,
En doutez-vous ?

HASSAN.

N'es-tu pas folle !

ROSE.

Oui , je suis folle.

HASSAN.

Ah ! chere idole
De mon cœur !

ROSE.

Oui , chere idole
De mon cœur

HASSAN.

Ah ! j'ai bien peur
Qu'il ne s'envole,
Ce songe qui fait mon bonheur ?

ROSE.

Je n'ai pas peur
Qu'on me la vole,
La chaîne qui fait mon bonheur.

HASSAN.

Ah ! j'ai bien peur

C 4

Qu'il ne s'envole,

Ce songe , &c.

ROSE.

Je n'ai pas peur,
Qu'on me la vole ,

La chaîne , &c.

MESSOUR.

J'avertis mon souverain maître
Que son café se refroidit.

HASSAN.

Rose , verse-le moi. Que je suis interdit !

(*Il prend son café.*)

Mais enfin me voilà ce que je voulois être ;
Il n'importe comment. Le Ciel fait ce qu'il veut.
S'il veut faire un Calife , on sait bien qu'il le peut.

SCENE VI.

Un Trône prend la place du sopha.

GIAFAR.

SEIGNEUR, il est temps de paroître.
Placez-vous sur ce trône.

(*Il lui met sur la tête le bonnet du Calife.*)

HASSAN, *à part.*

Allons. Un trône à moi !
Ce que c'est que l'étoile ! Hassan prends garde à toi ;
Et ne va pas te méconnoître.

SCENE VII.

La cour & le Conseil du Calife, les précédents.

GIAFAR.

A I R.

DE Mahomet voilà le successeur :
Prosternez-vous en sa présence.
Il tient le glaive & la balance.
Du foible il est le défenseur ;
Il est l'appui de l'innocence.
De Mahomet voilà le successeur,
Il va parler ; faites-silence.

HASSAN, *sur le trône.*

Tâchons de parler comme un Roi.
J'entends qu'on vive sous ma loi,

Exempt de trouble & de dommage ;
Qu'on foit jufte & de bonne foi,
Secourable, indulgent & fage.
Plus de procès, plus de chagrin :
Je veux par-tout, fur mon paffage,
Voir à mon peuple un front férein ;
Car la joie eft, fur fon vifage,
Le vrai figne du bon ufage
Qu'on fait du pouvoir fouverain.

Je parlerois jufqu'à demain ;
Je n'en dirois pas davantage.
(*Les grands fe retirent ; les gens de loix reftent.*)

SCENE VIII.

GIAFAR, LES GENS DE LOIX, HASSAN.

GIAFAR.

S A grandeur aujourd'hui n'a-t-elle pas encor ,
　　Dans la Police ou la Finance,
Quelque chofe à prefcrire , ou peine ou récompenfe?

HASSAN.

A la mere Sabi dix mille pieces d'or.

GIAFAR.

Seigneur , cette fomme eft immenfe :
Dix mille pieces d'or !

HASSAN.

Je n'en rabattrai rien.
C'est une bonne femme, & je lui veux du bien.

GIAFAR.

Son fils a fait, dit-on, la plus folle dépense.

HASSAN.

C'est l'Iman Abazoul qui vous a dit cela.
Il faut punir ce fripon-là.
A l'Iman Abazoul cinquante coups de gaule,
Autant à ses quatre témoins ;
Et qu'ils soient promenés, cet écrit sur l'épaule :
« Qu'à bien vivre chez soi chacun borne ses soins ».
Visir, que sur le champ, l'or, les coups d'étriviere,
Tout soit distribué, tout soit payé comptant.
Je veux être obéi, je veux l'être à l'instant.
Un Roi ne doit jamais rien laisser en arriere.
Attendez. L'Iman Abazoul
Me faisoit oublier le Marchand de Moussoul.
A souper aujourd'hui je l'invite à ma table.
Il s'appelle Coreb. Allons, voilà, je croi,
Mes États bien réglés. Le reste va de soi.

GIAFAR.

Le Conseil n'est pas long, mais il est équitable.

MESSOUR.

Sa Grandeur est servie.

HASSAN.

Après avoir régné,
Que le dîner soit bon ; je l'aurai bien gagné.
(Marche.)

SCENE IX.

Le Théâtre change & repréfente le Sallon des fruits & des liqueurs.

HAROUN, ROSE.

HAROUN.

JE n'ai jamais goûté de plaifir plus fenfible,
Rofe, tu m'as fervi par-delà mes fouhaits.

ROSE.

Seigneur, à chaque inftant je me défavouois:
Tromper ce que l'on aime eft un art trop pénible.

HAROUN.

Tu fais fon bonheur & le tien,
Ma Rofe : il faut pourfuivre.

ROSE.

Il ne m'eft pas poffible.

HAROUN.

Courage. Encore un jour.

ROSE.

Allons, je le veux bien.

SCENE X.

GIAFAR, HAROUN, ROSE.

GIAFAR.

Aux plaisirs du dîner le voilà qui se livre.
Ces lambris rayonnants, ces vases précieux,
Ces doux concerts de voix, ces mets délicieux,
De joie & de bonheur à l'envi tout l'enivre.
Il est sur-tout ravi de ces jeunes beautés,
L'éventail à la main, jouant à ses côtés.

ROSE.

Fort bien ! sans un serrail il ne pourra plus vivre.
Voilà, Seigneur, voilà ce que vous me coûtez.

AIR.

Il m'oublie ! ah ! l'infidele !
Rose n'est plus ses amours.
Il juroit de n'aimer qu'elle,
Il le juroit tous les jours.
Il se flatte, l'infidele,
De voler de belle en belle ;
Il ne songe plus à celle
Qui l'auroit aimé toujours.
Ah ! le dépit me suffoque ;
Je veux, je veux le punir.
Son triomphe va finir ;
Il verra que l'on s'en moque.
Ah, le dépit me suffoque ;
Je veux, je veux le punir.

Il m'oublie ! ah ! l'infidele, &c.

HAROUN.

Rofe, il n'a point encore fait de choix qui vous bleffe.
Nous allons jufqu'au bout éprouver fa foibleffe,
Et voir dans le ferrail ce qu'il aime le mieux.

ROSE.

Votre ferrail m'eft odieux.

SCENE XI.

HASSAN, *TROUPE DE FEMMES*, *qui
lui préfentent des fruits & des liqueurs.*

(*Danfe.*)

HASSAN A MESSOUR.

JE voudrois bien favoir tous les noms de ces Dames.

La premiere.

Je m'appelle Bouquet de fleurs.

La feconde.

Et moi Taille de cedre.

La troifieme.

Et moi Chaîne des cœurs.

HASSAN, *à la quatrieme.*

Et vous ?

La quatrieme.

Aube du jour.

HASSAN, *à la cinquieme.*

Vous?

La cinquieme.

Délices des ames.

HASSAN.

Je les regarde , & tour-à-tour
Chacune à mes yeux paroît belle ;
Mais celle à qui je fens que mon cœur eft fidele ,
C'eft encor ma Rofe d'amour.
Les autres me plairont ; mais je n'aimerai qu'elle.

MESSOUR, *remet une coupe à Rofe.*

Belle Rofe d'amour , cette aimable liqueur,
Par vos mains préfentée en aura plus de charmes.
(*bas.*)
Vous verrez à vos pieds tomber votre vainqueur ,
Je vous en avertis. N'en prenez point d'alarmes.

HASSAN, *reçoit la coupe des mains de Rofe.*

Viens, les délices de mon cœur ,
C'eft à toi que je rends les armes.
(*Il boit , le Ballet reprend , & Haffan s'affoupit.*)

ROSE, *le voyant tomber entre les bras des Femmes.*

O Ciel !

MESSOUR.

Ne craignez rien, ce sommeil paſſager
Eſt pour lui ſans douleur, comme il eſt ſans danger.

Fin du ſecond Acte.

ACTE III.

ACTE III.

Le Théatre change & repréfente l'antichambre de l'appartement d'Haffan, dans fa maifon.

SCENE PREMIERE.

OSMIN, LIBEK, DEUX ESCLAVES DU CALIFE.

(Les deux Efclaves du Calife portent une caffe..e à deux anfes, & la pofent fur une table.)

OSMIN.

COMMENT! c'eft de l'or!

L'UN DES ESCLAVES.

Oui, c'eft de l'or.

OSMIN.

Quelle joie !

Et c'eft à la mere Sabi
Que le bon Calife l'envoie !

L'ESCLAVE.

Tu fais lire ?

OSMIN.

Oui vraiment je fais lire.

D

L'ESCLAVE.

Hé bien, li.

OSMIN.

Sabi, mere d'Haßen ! c'est bien là son adreße.

L'ESCLAVE.

Allez donc tous les deux chercher votre maîtreße.

(*Oſmin & Libek ſortent.*)

SCENE II.

ROSE ET LES ESCLAVES.

ROSE, *entrant par le fond du Théatre, ſuivie de deux autres Eſclaves du Caliſe.*

LE voilà dépoſé dans son appartement.
Eloignez-vous en diligence.

(*Les Eſclaves ſe retirent.*)

SCENE III.

ROSE, *seule.*

PARDONNE, Haffan. Pour toi je me fais violence.
Ta fortune est le prix de mon déguisement.
Mais depuis ce matin Sabi ne m'a point vue.
Elle va me gronder. Que lui dire ? & comment
　　Lui cacher mon enlévement ?

SCENE IV.

SABI, ROSE.

SABI, *sans appercevoir Rose.*

QUELLE foule, bon Dieu! je m'y croyois perdue.
A ce spectacle-là me serois-je attendue !
　　Quand ces malheureux ont paru,
　　Comme tout le peuple a couru !
Les voilà bien punis ! que le Ciel les console.
　　Quel exemple ! & qui l'auroit cru ?
Puissent tous les méchants s'instruire à cette école.
(*Elle apperçoit Rose.*)
　　Ah ! vous voilà petite folle ?
Hé bien, qu'avez-vous fait du matin jusqu'au soir ?
Je ne vous ai pas vue.

D 2

ROSE.

Il falloit pour me voir,
Être un peu plus chez vous, & moins à la mosquée.
J'ai fait ce que chacun faisoit ;
J'ai vu passer l'Iman. Ah ! comme on s'amusoit
De voir l'hypocrisie à la fin démasquée !

SABI.

C'est ton maître, c'est lui, je croi,
Qui s'est bien diverti.

ROSE.

Diverti ? comme un Roi.

SCENE V.

OSMIN, LIBEK, SABI, ROSE.

OSMIN.

QUE sont-ils devenus ? — Ah! vous voilà, maîtresse ?
Avez-vous vu les gens du Calife ?

SABI.

Moi ? non.

OSMIN.

Et de cette caffette avez-vous lu l'adreffe ?

SABI, *lifant.*

Sabi, mere d'Haffan. Et qu'fait là mon nom ?

OSMIN.

Cela vient du Calife ; & dans cette caffette
Vous trouverez de l'or.

SABI.

De l'or !

ROSE.

Sur l'étiquette,
Il sembleroit que c'est un don.

SABI.

Un don! à moi! voyons, car cela m'inquiete.

(ROSE *ouvre la caffette, y trouve un papier, & lit.*)

» Le Calife à Sabi : dix mille pieces d'or.

» Ce n'est qu'un premier don ; il fera mieux encor «.

D ₃

SABI.

Dix mille pieces d'or!

ROSE.

La caffette en eft pleine.

Ah, bonne mere! quelle aubaine!

SABI.

AIR.

Moi! fi riche en un moment!
Mais c'eft comme une merveille.
Le bien me vient en dormant.
De ma vie, affurément,
Je n'ai vu fomme pareille.
J'en fuis d'un étonnement
Que je doute fi je veille.
Le bien me vient en dormant.
Si j'étois jeune & jolie,
Je dirois, je fais pourquoi.
A quinze ans, l'on eût pour moi
Fait peut-être une folie.
Mais à l'âge où me voilà,
Que veut dire ce don-là!

L'adreffe eft pourtant claire & n'a rien d'équivoque.
Je fuis mere d'Haflan, je m'appelle Sabi.
Qu'il va lui-même être ébaubi!
Il aura beau le voir, il croira qu'on fe moque.
Qu'il tarde à revenir! où donc eft-il allé?

OSMIN.

Je n'en fais rien.

SABI, à Libek.

Et toi, n'as-tu pas vu ton maître?

LIBEK.

Non, car il eſt ſorti ſans avoir appellé.

ROSE.

Le Marchand de Mouſſoul l'a retenu peut-être.

SABI.

Va, ſonge à leur ſoupé. — Moi, j'ai tant de plaiſir,
Qu'en vérité j'ai peur d'en perdre la cervelle.

(Roſe ſort)

SCENE VI.

HASSAN, SABI, OSMIN, LIBEK.

HASSAN, *avant de paroître.*

ESCLAVES!

SABI.

C'eſt mon fils.

HASSAN.

Roſe! Roſe!

OSMIN.

Il appelle.

HASSAN.

Chef des Eunuques noirs!

LIBEK, *à part.*

Il eſt ivre.

HASSAN, *ouvrant les portes.*

Viſir!....;

(*Avec étonnement*).
Je ſuis chez moi!

D 4

SABI.

Venez, mon fils. Bonne nouvelle!

HASSAN, *étourdi.*

Quoi, ma mere! c'est vous!

SABI.

C'est moi-même.

HASSAN.

Oui, c'est elle.

Et Rose?

SABI.

Il ne paroît éveillé qu'à demi.

HASSAN.

Rose!

SABI.

Elle est là.

HASSAN.

Comment, elle est là? qu'elle vienne.

(*Libek va chercher Rose.*)

Ah! quelle surprise est la mienne!

SABI.

Quoi! depuis hier au soir, est-ce qu'il a dormi?

HASSAN.

Quelle heure est-il?

SABI.

Mais, mon ami,
Il sera bientôt nuit obscure.

HASSAN.

Ah! quel songe! ou plutôt quelle étrange aventure!

SABI.

Es-tu malade ?

HASSAN.

Non.

SABI.

Mais un si long sommeil ? . . . .

HASSAN.

Un sommeil ! ah ! dans la nature
Il n'en fut jamais de pareil.

SABI.

Et jamais il ne fut de plus heureux réveil.
Tiens.   (*Elle veut lui montrer la cassette.*)

HASSAN (*sans écouter sa mere.*)

Je suis hors de moi. Vous savez mon envie,
D'être Calife un jour, un seul jour de ma vie,
Pour châtier l'Iman & ses quatre barbons ? . . .

SABI.

Hé bien, mon fils, le Ciel entend les vœux des bons;
Les tiens sont exaucés : l'Iman , à ta priere,
A reçu cent coups d'étriviere.

HASSAN.

L'Iman !

SABI.

Et ses quatre témoins.

HASSAN.

On les a promenés ?

SABI.

Oui, trois heures au moins,
Avec cet écrit par-derriere :
Qu'à bien vivre chez soi chacun borne ses soins.

HASSAN.

Justement, & voilà, mot à mot, la sentence,
Qu'au Visir ce matin moi-même je dictois.

SABI.

C'est l'arrêt du Calife.

HASSAN.

Oui, c'est moi qui l'étois.

SABI.

Mon fils, laissons cela. L'Iman fait pénitence ;
Et moi, j'obtiens du Ciel la plus rare faveur.
Apprends ce qui m'arrive, & partage ma joie.
Voilà ce qu'aujourd'hui le Calife m'envoie.

HASSAN.

Hé bien, suis-je encore un rêveur ?
Dix mille pieces d'or, n'est-ce pas ?

SABI.

J'ai bien peur
Que ce ne soit une méprise !

HASSAN, *froidement.*

Non, ce n'en est pas une.

SABI.

Et tu vois sans surprise
Que cet or soit à moi !

HASSAN.

J'en ferois étonné,
Si ce n'étoit pas moi qui vous l'avois donné.

SABI.

Toi!

HASSAN.

Moi-même. En douter feroit être imbécille.
L'Iman promené par la Ville,
Les dix mille fequins envoyés en effet,
Tout s'accorde. Je fuis Calife, c'eft un fait.

SABI.

Ah ! mon fils ! quel mauvais Génie
A pu vous troubler le cerveau ?

HASSAN.

Par la barbe d'Ali, voici bien du nouveau!
Comment! ce que j'ai fait, c'eft à moi qu'on le nie!
Je vous foutiens qu'à mon réveil,
On m'eft venu preffer de tenir mon Confeil.
Oui, fur mon Trône affis, j'ai régné, je m'en vante;
Et comme je voulois que vous fuffiez contente,
Je vous ai fait donner dix mille pieces d'or.
Rien n'eft plus pofitif, rien n'eft plus manifefte;
Et fi vous en doutez encor,
(*Montrant Rofe qui arrive.*)
Tenez, voilà qui vous l'attefte.

SCENE VII.

ROSE, & *les précédens.*

HASSAN.

Viens, Rose, & dis de bonne foi :
Suis-je Calife ou non ?

ROSE.

Vous, Calife ! ah ! mon maître !
Vous êtes bien digne de l'être.

HASSAN.

Mais le suis-je ?

ROSE.

Tout comme moi.

HASSAN.

Encor ? vas-tu me méconnoître ?

ROSE.

Et le puis-je ?

HASSAN.

Hé bien, dis, ne m'as-tu pas trouvé
Dans un palais superbe, au milieu d'une fête ?

(*Rose éclate de rire.*)

SABI.

Hélas ! mon pauvre fils ! il a perdu la tête.

ROSE.

Que nous contez-vous là ?

HASSAN.

Ce qui m'est arrivé.

ROSE.

Et ne voyez-vous pas que vous l'avez rêvé?

HASSAN.

Comment! dans mon ſerrail, entouré de mes femmes;
Du bonnet de Calife on ne m'a pas coëffé?
Ce n'eſt pas de ta main que j'ai pris le café?
Je n'ai pas dédaigné leurs amoureuſes flammes?
Et de tous leurs attraits tu n'as pas triomphé?

ROSE.

Vous ſavez, n'eſt-ce pas, juſqu'aux noms de ces Dames?

HASSAN.

Oui, je les ſais: *Bouquet de fleurs*,
Aube du jour, *Chaîne des cœurs*,
Taille de cèdre.

SABI.

Au nom d'une mere qui t'aime,
Mon fils, reviens à toi, calme un peu tes eſprits.

HASSAN, *à Roſe*.

Tu ne m'as donc pas vu dans ma grandeur ſuprême?

ROSE.

Hélas, non.

HASSAN, *triſtement*.

En ce cas, un ſonge m'a ſurpris;
Et je t'en crois plus que moi-même.
Ah! pauvre Haſſan! plus de pouvoir,
Plus de grandeur & plus d'empire.
Je m'en paſſois hier au ſoir;
ſen déchoir, c'eſt-là le pire.

Oui, fur un trône, on a beau dire,
C'eſt un grand plaiſir de s'aſſeoir.
Mais n'importe. Acceptons ce que le Ciel nous laiſſe,
Sans regretter en vain ce qui m'eſt échappé.
Roſe, aurons-nous un bon ſoupé ?
Car au ſoin du ménage il faut que je m'abaiſſe.

ROSE.

Vous ſouperez comme un Sultan;
Vous trinquerez avec Roſette.
Elle dira la chanſonnette ;
Et vous ſerez l'heureux Haſſan.
N'eſt-il pas vrai, bonne maman,
Que c'eſt aſſez de la caſſette
Pour faire un heureux Muſulman?
Vous ſouperez, &c.

SCENE VIII.

HAROUN, & *les précédens.*

HAROUN.

MON hôte, vous voyez un homme inconsolable.

HASSAN.

Que vous est-il donc arrivé ?

HAROUN.

Ce soir, d'un plaisir véritable,
Malgré moi, je serai privé.
A souper avec lui le Calife m'invite.

HASSAN.

Le Calife !

HAROUN.

Lui-même, & j'en suis tout confus.
Mais un pareil honneur ne veut point de refus ;
Et pour me dégager je suis venu bien vîte.

HASSAN, *transporté.*

Je le suis.

SABI.

D'où lui vient cette fougue subite ?

HASSAN.

Allez, mon hôte, allez, vous soupez avec moi.

HAROUN.

Mais à mon Souverain je sais ce que je doi.

HASSAN.

Hé bien, c'eſt moi qui vous acquitte,
Et qui dans ſon palais aujourd'hui vous reçoi.

HAROUN.

Qui ? vous ! dans ſon palais !

HASSAN.

Cela doit vous ſurprendre ;
Et moi, qui vous le dis, j'ai peine à le comprendre.
Mais il n'eſt pas moins vrai qu'au trône parvenu,
Du Marchand de Mouſſoul je me ſuis ſouvenu.

SABI, à part.

Ah ! faites ſemblant de le croire.
(Elle fait ſigne à Haroun que la tête d'Haſſan eſt détraquée).

HASSAN.

Vous ſouperez, vous dis-je, au milieu de ma gloire.

HAROUN.

C'eſt donc vous, qui de moi vous daignant occuper ?...

HASSAN.

Oui vraiment, c'eſt moi-même. Une tête ſenſée
Peut-elle un moment s'y tromper ?
Et quel autre Calife auroit eu la penſée
De vous inviter à ſouper ?

SEXTUOR.

Et qu'à préſent quelqu'un s'aviſe
De me nier ce que j'ai fait.
Je ſuis Calife, & c'eſt un fait.

SABI,

SABI, *désolée.*

Hélas! est-ce encore une crise?
Mon fils! mon cher fils! ç'en est fait.

ROSE, *à Haroun.*

N'est-il pas temps que je lui dise!...

HAROUN, *à Rose.*

Non!

ROSE.

N'êtes-vous pas satisfait?

OSMIN.

Il aura bu. Voilà le fait.

LIBEK.

Voilà le fait.

HASSAN.

Quoiqu'on en dise,
Je m'en rirai;
Je m'en irai;
Dans mon palais je régnerai.

OSMIN.

C'est le Marchand qui l'a fait boire.

LIBEK.

C'est le Marchand: voilà l'histoire.

SABI.

Ah! pauvre mere! j'en mourrai.

HASSAN.

Ma Rose, avec moi je t'emmene.
Je serai Roi, tu sera Reine;
Tout le serrail est sous ta loi.

E

ROSE.

Ah! votre Efclave eft une Reine,
Si vous l'aimez de bonne foi.

SABI.

Haffan, foit touché de ma peine.
Mon cher Haffan, reviens à toi.

ROSE, *à Haroun.*

Voyez, Seigneur, voyez fa peine.

HAROUN, *à Rofe.*

Un fort heureux fuivra fa peine :
Je l'ai promis; je te le doi.

OSMIN ET LIBEK.

Il aura bu : c'eft comme moi ;
Avec du vin je me fais Roi.

HASSAN.

Allons nous-en bien vite,
Allons dans mon palais.
Nous fouperons en paix.
C'eft moi qui vous invite.
Allons-nous-en bien vite,
Allons dans mon palais.

SABI.

Vous êtes fou.

HASSAN.

Non , je fuis fage.
Je me poffede & je me fens.

SABI.

Vous êtes fou.

HASSAN.

Non , je fuis fage.
Ma mere , on radote à votre âge ;
mais moi , je fuis dans mon bon fens.

SABI.

Va, fils ingrat, mon radotage
Vaut mieux cent fois que ton bon sens.

ROSE, OSMIN, LIBEK.

Vos cris assemblent les passants.

HAROUN.

Il rentrera dans son bon sens.

HASSAN.

Laissez-moi.

SABI.

Non.

ROSE.

Je perds courage.

HASSAN.

Je veux régner.

SABI.

Tu te perdras.

HASSAN, à Rose.

Nous ferons ensemble un voyage.
Je veux parcourir mes Etats.

ROSE, à Haroun.

Je n'y tiens pas, je perds courage.

HAROUN, à Rose.

Tu vas détruire ton ouvrage.

SABI, aux Esclaves.

Hélas! armez-vous de courage.
Il va s'échapper de mes bras.

HASSAN.

Ma Rose, avec moi tu viendras.

OSMIN ET LIBEK.

Il faut nous armer de courage.
Il va s'échapper de nos bras.

SABI.

Hélas ! armez-vous de courage.

ROSE.

Je fens que je perds le courage.

HAROUN, *à Rofe.*

Tu le perdras.

SABI, *à Haffan.*

Tu te perdras.

HASSAN, *à Rofe.*

Tu me fuivras.

ROSE.

Je perds courage.

TOUS.

Il va s'échapper de nos bras ?

HASSAN.

Comment m'échapper de leurs bras ?

(*Il tombe de fatigue.*)

SABI, *à Haroun.*

De grace, empêchez qu'il ne forte.

Sauvez-moi la douleur de le voir enfermer.

HAROUN.

Eloignons-nous, gardons la porte,

Et laiffons-le un peu fe calmer.

(*Ils fe retirent au fond du Théatre.*)

HASSAN.

Ah ! quel eft mon malheur ! ou quelle eft ma démence !

Je me crois Calife ! mais quoi ?

Ne fuis-je pas Haffan ? ne fuis-je pas chez moi ?

Où donc eft mon palais ? où donc eft ma puiffance ?

Ma mere avoit raifon : j'étois fou. Je commence

'A reprendre un peu mon bon sens.
Et j'ai pu rebuter ma mere !
'A son amour si tendre, à sa douleur amere,
J'ai pu répondre, hélas ! par des mots offensants.
Homme dénaturé ! le Ciel dans sa colere
    Punit les fils méconnoissants.

A I R.

Ah ! je suis un misérable,
Moins coupable qu'insensé.
Mere tendre & secourable,
Fais que le Ciel offensé
Ne soit point inexorable.
Prends pitié d'un misérable,
Moins coupable qu'insensé.

Mes amis, revenez : je suis plus raisonnable.

S A B I.

Mon fils, est-il bien vrai ?

H A S S A N.

      Je me suis oublié,
Ma mere ; à vos genoux je tombe humilié.
Pardonnez un délire, hélas ! bien pardonnable.

S A B I, *l'embrassant.*

'Ah ! je suis mere.

H A R O U N.

    Allons, je vois avec plaisir
Qu'il est plus tranquille & plus sage.
Mais il a dans la tête encor quelque nuage,
    Et c'est à moi de l'éclaircir.

E 3

SABI.

Comment?

HAROUN.

J'ai de l'accès au palais du Visir ;
Nous pourrons le voir.

HASSAN.

Bon ! voilà qui me soulage.
Nous saurons du Visir si j'ai pu me tromper.
Mais je vous retiens à souper.

HAROUN.

Et le Calife ?

HASSAN.

Encor ! faut-il vous le redire ?
Le Calife, c'est moi.

SABI.

Mon fils a voulu rire.

HASSAN.

Non. Mais en attendant que tout soit éclairci ,
Allons nous livrer , sans souci,
A l'aimable gaité que Rose nous inspire.

ENSEMBLE.

Vivons au gré du destin.
Si c'est un songe que la vie,
Rêvons gaiment jusqu'à la fin.
C'est un sommeil digne d'envie.
La bonne chere & le bon vin
Ne sont jamais un songe vain.

Fin du troisieme Acte.

ACTE IV.

Le Théatre repréſente d'un côté le palais du Calife ; de l'autre, celui du Viſir ; au fond, un pavillon qui fait partie du palais du Calife.

SCENE PREMIERE.

HAROUN, HASSAN.

HAROUN, *en marchand.*

Tenons-nous là. Bientôt le Viſir va paroître.

HASSAN.

Nous allons voir. Deux mots vont nous mettre d'accord.

HAROUN.

Si vous êtes Calife, il doit vous reconnoître.

HASSAN.

S'il ne me connoît pas, tout eſt dit, j'avois tort.

E 4

SCENE II.

HAROUN, HASSAN, Chœur d'Esclaves,
dans l'intérieur du Serrail.

CHŒUR

Qu'est devenu notre bon maître ?
Où donc a-t-il paffé la nuit ?

HAROUN.

Dans le ferrail j'entends du bruit,

HASSAN.

Et ne voyez-vous pas ce que cela peut être ?
On me cherche, on me croit perdu.

SCENE III.

HAROUN, GIAFAR, HASSAN.

GIAFAR, *à Haffan.*

Ah, Seigneur ! eft-ce vous que le ciel nous renvoie ?
Venez au ferrail éperdu
Rendre le repos & la joie.

HASSAN, *à Haroun.*

Hé bien ? fuis-je Calife ?

HAROUN.

Oui : j'en fuis confondu.

HASSAN.

Allez, Mon chere Coreb, allez dire à ma mere
    Ce que vous avez entendu. —
Nous, allons, s'il se peut, débrouiller ce myftere. —
Encore un mot. Reftez quelque-temps parmi nous.
    Je veux (car ceci me tracaffe)
Choifir un peu les gens que je dois mettre en place ;
Et je ferai, je crois, quelque chofe de vous.
(*Il entre dans le ferrail avec Giafar.*)

SCENE IV.

HAROUN, ROSE.

HAROUN.

R O S E, dans nos filets il s'engage lui-même.

ROSE.

Me ferez-vous encor défoler ce que j'aime ?

A I R.

Non, voyez-vous, je n'y tiens pas :
Ce badinage enfin m'excede.
Le beau plaifir pour vous, hélas,
Quand il fera fou fans remede !

Le jour, la nuit, d'ici, delà,
C'eft comme un démon qui l'obfede ;
Et moi, je fuis ce démon-là.

Il m'aime avec tant de tendreffe !
Et moi, je caufe fon tourment !

Devois-je, hélas, un feul moment,
Pour le furprendre, ufer d'adreffe?

Non, voyez-vous, &c.

HAROUN

J'ai tort, allons, je me corrige ;
Et puifque le jeu vous afflige,
Il va finir. Haffan fera défabufé.
Mais ce n'eft pas affez de m'avoir amufé ;
Et pour le rendre heureux, voici ce que j'exige.
S'il vous aime avec tant d'ardeur,
Rofe, obtenez de lui, fans trahir le myftere,
Qu'il defcende pour vous du haut de fa grandeur.
A cet effort d'amour, s'il eft bien volontaire,
Je cede ; & je confens qu'il jouiffe avec vous
D'un bonheur, dont je fuis moi-même un peu jaloux.

ROSE.

Ah ! Seigneur !... mais s'il a pris du goût pour la gloire ?...
Je ne fuis qu'une Efclave, hélas ! je n'ofe croire...

HAROUN.

Non, ce n'eft qu'à ce prix qu'il vous méritera.

ROSE.

Je vais donc la tenter cette grande victoire.

HAROUN.

Songez, en lui parlant, qu'on vous obfervera.

ROSE.

O ciel ! prenons courage. Il m'aime ; il fe rendra.

SCENE V.

HASSAN, *seul, en habit de Calife.*

J'AI beau me creuser la cervelle ;
Plus j'y pense, plus je m'y perds ;
Et chaque aventure nouvelle
Me remet la tête à l'envers. —
Je voudrois bien savoir quel démon, quel génie,
De me bercer ainsi peut avoir la manie.
Quel qu'il soit, désormais je l'attraperai bien :
Je jouirai de tout & ne croirai plus rien.

SCENE VI.

HASSAN, *les Femmes du serrail.*

HASSAN.

VENEZ, agréables chimeres,
Faites-moi faire encor des songes ravissants.
Mes illusions me sont cheres ;
Et mon ame se livre à l'erreur de mes sens.

(*Elles dansent.*)

Il me souvient pourtant qu'au milieu de mes femmes,
Je me suis endormi dans ce brillant séjour.

  J'y reconnois toutes ces Dames ;
Mais je n'y revois point encor Rose d'amour.

SCENE VII.

HAROUN, MESSOUR, *femmes du serrail.*

MESSOUR.

COMMANDEUR des croyans, le malheureux Messour
Te demande la mort.

HASSAN.

  Es-tu las de la vie ?

MESSOUR.

Hélas ! non. De mourir je ne sens nulle envie ;
  Mais je suis indigne du jour.

HASSAN

Qu'as-tu donc fait de si terrible ?

MESSOUR.

Ce que j'ai fait ! un crime horible.

HASSAN.

Parle. Tu me fais peur ; & je tremble à mon tour.

MESSOUR.

Hélas, Séigneur ! tandis que ta fidele cour
T'appelloit, te cherchoit, de toi seul occupée ;
  Rose d'amour s'est échappée.

HASSAN, *à part*.

Vraiment, je le fais bien : elle a soupé chez moi. —
Quand s'est-elle échappée ?

MESSOUR.

Au lever de l'aurore.

HASSAN.

Ce matin ?

MESSOUR.

Ce matin.

HASSAN.

Hélas ! je m'apperçoi
Que mon foible cerveau va se brouiller encore.

MESSOUR.

Si mon maître envers moi daigne user de douceur,
Si sa haute clémence ordonne que je vive,
Je ferai ratraper l'Esclave fugitive ;
Je la ferai punir avec son ravisseur.

HASSAN.

Non, doucement ; point de supplice.

(*à part.*)

Qu'on me ramene Rose, il suffit. Dès demain
Je puis me retrouver Hassan ; & la Police,
En croyant me venger, mettroit sur moi la main.
(*à Messour.*)
Sans rigueur & sans bruit, allez, qu'on m'obéisse.

MESSOUR.

O grandeur ! ô clémence !

HASSAN.

Oui, je suis fort humain.

(*Les femmes & Messour se retirent.*)

SCENE VIII.

HASSAN, *seul.*

A I R.

Viens, ma Rose, viens me rendre
Mon délire ou ma raison.
Hier encore, à la maison,
Tu fus si douce & si tendre !
Hélas ! est-ce un rêve, ou non ?
C'est toi qui vas me l'apprendre.

Viens, ma Rose, &c.

Depuis que tu m'es ravie,
Tout est pour moi sans appas.
Tout est trompeur dans la vie;
Mais notre amour ne l'est pas.

Viens, ma Rose, &c.

Hassan plein de sa tendresse,
Ne cherche plus s'il est Roi.
Il veut bien rêver sans cesse,
Pourvu qu'il rêve avec toi.

Viens, ma Rose, &c.

SCENE IX.

HASSAN, MESSOUR, ROSE, ESCLAVES noirs.

MESSOUR.

LA voilà.

ROSE.

Vilains noirs, qui m'avez pourſuivie ,
De m'obſéder ainſi voulez-vous bien ceſſer ?

HASSAN, *aux Eſclaves.*

Il ſuffit. Avec elle on n'a qu'à me laiſſer.

SCENE X.

HASSAN, ROSE.

HASSAN.

ENFIN je te revois ! j'en ai l'ame ravie.
A préſent , rien ne manque au bonheur de mon ſort.
    Hé bien ? tu vois ſi j'avois tort ,
Et ſi je ſuis Calife ?

ROSE

            Oui, Seigneur, & ma vie
Eſt en vos mains. Mais déſormais
Mon cœur n'eſt plus à vous; & mon unique envie
    Seroit de vous fuir pour jamais.

HASSAN.

Toi! me quitter! ah! ma fortune,
Ma gloire, ma grandeur me seroit importune,
Si tu ne voulois plus en jouir avec moi.
Non, le fidele Hassan ne peut vivre sans toi.

ROSE.

Quel que soit cet Hassan, dont vous parlez sans cesse,
C'est de vous seul, ingrat, que mon cœur fut épris.
Mais vous n'avez pour moi qu'un mépris qui me blesse.

HASSAN.

Moi, Rose! ah! je t'adore. Est-ce-là du mépris?

ROSE.

Hier encor je vous vois, au milieu de vos femmes,
Leur lancer tour-à-tour les regards les plus doux;
Et moi, dans mon dépit jaloux,
Je suis la fable de ces Dames!
Je ne le serai plus. Tout est dit entre nous.

HASSAN.

Rose, il est vrai, je le confesse,
De leurs jeux, un moment, j'ai paru m'amuser.
Mais, crois moi, tout cela n'a rien qui m'intéresse.

ROSE.

Non, ne croyez pas m'abuser.

AIR.

Votre humeur est si galante,
Votre Cour est si brillante,
Que la plus heureuse amante

Vous.

Vous poſſede à peine un jour.
Votre cœur facile & tendre
Ne ſait à laquelle entendre.
Chacune a droit d'y prétendre ;
Chacune y regne à ſon tour.

HASSAN.

Ecoute , il eſt aiſé de nous délivrer d'elles.
Congédions-les à l'inſtant.

ROSE.

Oh ! non. Dans quinze jours vous en auriez autant ,
Et peut-être encor de plus belles.

HASSAN.

Que veux-tu donc ?

ROSE.

Je veux un honnête bourgeois,
Qui me traitera , je l'eſpere ,
Avec l'indulgence d'un pere ,
Et comme l'enfant de ſon choix.

HASSAN.

Un Haſſan , n'eſt-ce pas ?

ROSE.

Soit Haſſan qu'on le nomme,
Ou commeil vous plaira ; je veux qu'à ſes côtés
Il n'ait pas vingt jeunes beautés.
Je veux qu'il m'aime ſeule.

HASSAN.

Hé bien , je ſuis ton homme.
Car enfin tout ceci me vient, je ne ſais d'où ;

F

Mais entre nous, chez moi, quand je ne suis pas fou,
    Tu fais avec quelle tendresse .....
                    (Il veut l'embrasser.)

ROSE.

Non, doucement, point de caresse.
    Votre amour me fait trop d'honneur.
Un Calife jamais ne sera mon bonheur.

HASSAN.

Hé! mon enfant, tu vois comme le Sort s'amuse
A balotter son monde ; il change quelque fois
Un bourgeois en Calife, un Calife en bourgeois.
Peut-être en ce moment que moi-même il m'abuse.
    Ces honneurs sont si hazardeux !
Attends. Tout peut demain avoir changé de face.
Alors, j'irai chez moi me remettre à ma place ;
    Et nous délogerons tous deux.

ROSE.

Hé bien, si vous m'aimez, délogeons tout-à-l'heure.

HASSAN.

Quoi! si-tôt !

ROSE.

        Pourquoi non ? qui peut vous retenir ?

HASSAN.

Rose, j'ai fait des loix que je dois maintenir.
Le trône seroit vuide. Il faut que j'y demeure,
Pour remettre le sceptre à qui doit le tenir.

ROSE.

Vous voulez me tromper.

HASSAN.

Non Rose, ou que je meure ;
Mais veux-tu que j'abdique au moment du confeil ?
On m'attend. Faut-il que je mande
Que qui veut commander commande ?
Vit-on jamais rien de pareil ?

ROSE.

Allons, pour régler vos affaires,
Je vous accorde une heure.

HASSAN.

Une heure ! ce n'eft gueres !

ROSE.

La matinée.

HASSAN.

Et que dira
Ce bon peuple ?

ROSE.

Il s'affligera
De perdre un Calife qui l'aime ;
Mais il faut efpérer qu'il fe confolera.

HASSAN.

Je fui, à toi plus qu'à moi-même ;
Et qui fait comme un autre, après moi, régnera.

DUO.

Laiffe-moi régner, & après,
Tu n'en feras pas moins chérie,
Et j'en aurai plus de plaifir.

F 2

ROSE.

A quoi bon régner, je vous prie !
La gloire est une rêverie ;
L'amour seul est un vrai plaisir.

HASSAN.

Je t'aimerai toute ma vie.

ROSE.

Vous n'en auriez pas le loisir.

HASSAN.

Ma Rose !

ROSE.

Hé quoi ! d'un vain desir
Votre ame encor n'est pas guérie !
Quand on aime , on n'a qu'un plaisir.

HASSAN.

Laisse-moi régner, je t'en prie ;
C'est mon talent , c'est mon plaisir.

ROSE.

N'aimez que moi , je vous en prie,
Laissez régner votre Visir.

HASSAN.

Laisse-moi suivre mon desir.
Tu n'en seras pas moins chérie ,
Et j'en aurai plus de plaisir.

ROSE.

Quand on aime on n'a qu'un desir.
La gloire est une rêverie ;
L'amour seul est un vrai plaisir.

HASSAN.

Hé bien donc, je m'en vais songer à ma retraite ,
Appeller mon conseil , & , puisque tu le veux ,
abdiquer.   (*Il pousse un gros soupir.*)

ROSE, *le contrefaisant.*

Abdiquer ! l'effort est rigoureux.

HASSAN.

En quittant la grandeur, je sens qu'on la regrette.
Mais, puisqu'il faut l'abandonner,
Au moins ne perdons pas la tête ;
Et prenons soin de nous donner
Quelque pension bien honnête.
(*Il appelle*)
Vizir ! assemblez tous les grands.

ROSE.

Je respire.

HASSAN.

A tes vœux tu vois que je me rends,

SCENE XI.

HASSAN, ROSE, LE CONSEIL ET LA COUR.

HASSAN.

Avant moi, vous aviez pour maître un homme juste,
Un grand homme. Je sens qu'il valoit mieux que moi.
S'il vit encor, je veux qu'il vous donne la loi.
Rendez-lui ce turban, fait pour sa tête auguste.
Je le dépose.

L'ASSEMBLÉE.

O ciel!

HASSAN.

Ne m'admirez pas tant :
Je fais tout cela pour Rosette ;
Et désormais je ne souhaite
Que de vivre avec elle obscur, libre & content.
Mais comme il est décent que je vive à mon aise,
Je m'assure, ne vous déplaise,
Deux cents sequins par mois, & pour ma mere autant.

GIAFAR.

Et si le Prince que tu nommes,
Du soin d'un autre empire est ailleurs occupé ?

HASSAN.

En ce cas, le meilleur des hommes
Me semble, ou je suis bien trompé,
Un marchand de Moussoul avec qui j'ai soupé.

CHŒUR.

Que ta volonté s'accomplisse,
Et que tout révère ton choix.

───────────

SCENE XII.

Le pavillon du fond du Théâtre s'ouvre ; Haroun y paroît dans toute sa gloire.

HASSAN.

AH ! c'est mon hôte que je vois !
C'est Coreb ! (*Il fait un mouvement pour l'aller embrasser.*)

GIAFAR, *l'arrêtant.*

C'est Haroun. Que ton rêve finisse.

HAROUN, *sur son Trône.*

Hassan, pour Souverain tu m'as élu deux fois.

HASSAN, *prosterné.*

Votre Esclave deux fois vous a rendu justice.
Et de tout l'Orient n'avez-vous pas la voix ?

HAROUN, *descendant du Trône.*

Et moi, je t'ai fait faire un songe assez pénible ;
Mais je te connois juste & digne d'être heureux.
Role est mieux que jolie : elle est bonne & sensible.
   Sois fidele autant qu'amoureux ;
   Je vous assure un sort paisible.
Qu'on célebre leur noce & leur félicité.
Hassan, tels sont les droits de l'hospitalité.

SCENE XI & derniere.

SABI, & les précédens.

SABI.

CIEL! où suis-je ? Mon fils ! est-ce donc moi qui
rêve ?

HAROUN.

Non, bonne mère, non. Votre fils a rêvé;
Mais le moment est arrivé
Où le songe finit , & c'est moi qui l'acheve.

CHŒUR.

Qu'il soit heureux , ce bon Hassan.
Le bien qu'il a doit lui suffire.
S'il n'a pas l'Empire Persan,
Le cœur de Rose est son Empire:
Qu'il soit heureux, qu'il soit content ,
Plus grands que lui n'en ont pas tant.

SABI, avec le Chœur.

Qu'il soit heureux , mon cher Hassan , &c.

ROSE ET HASSAN.

Le cœur de Rose est $\left\{\begin{array}{c}\text{votre}\\\text{mon}\end{array}\right\}$ Empire.

$\left.\begin{array}{c}\text{Soyez}\\\text{Je suis}\end{array}\right\}$ heureux, $\left\{\begin{array}{c}\text{soyez}\\\text{Je suis}\end{array}\right\}$ content.

Plus grands que $\left\{\begin{array}{c}\text{vous}\\\text{moi}\end{array}\right\}$ n'en ont pas tant.

La noce termine le Spectacle.

FIN.

www.ingramcontent.com/pod-product-compliance
Lightning Source LLC
Chambersburg PA
CBHW060642100426
42744CB00008B/1736